八十歳の親鸞

―造悪無碍―

帰京後の親鸞―明日にともしびを―⑧

今井雅晴

「帰京後の親鸞―明日にともしびを―」シリーズ

刊行の趣旨

親鸞は鎌倉時代に阿弥陀仏の教えを説き、信心と報謝の念仏を人々に伝えました。その九十年という長い一生のうち、四十二歳から六十歳までの十八年間は、新興の武士の都ともいうべき関東での布教伝道に心血を注ぎ、多くの門弟を得ました。これは武士が親鸞の「悪人正機《あくにんしょうき》」に心を洗われた思いがし、また「信心」「報謝」に強い感動を与えられたからでしょう。

武士は、武士の家に生まれたが故に心ならずも行なってしまう人殺しの悪業《あくごう》に苦しんでいました。それを「悪人正機」が救ったのです。

さらに武士は、同輩や主君との対人関係で「信頼」と「報謝」を大切にしていました。「信心」と「信頼」はその向ける対象は異なりますが、心は共通しています。主君に対する裏切りが尊ばれた戦国時代末期から安土桃山時代（拙稿「本願寺顕如《けんにょ》・教《きょう》如《にょ》と織田信長《おだのぶなが》『約束破り』の『皆殺し』」『東国真宗』第一〇号、二〇二〇年）とは大いに異なります。

親鸞は時代と社会に対応した教えを説いたのです。その結果、多くの門弟を得ました。そして五十二歳の時、恐らくは常陸国稲田《ひたちのくにいなだ》で主著の『教行信証《きょうぎょうしんしょう》（顕浄土真実《けんじょうどしんじつ》教行証文類《きょうぎょうしょうもんるい》）』を執筆しました。

『教行信証』執筆の八年後、親鸞は関東を離れて帰京し、九十歳までの三十年を生きました。当初、行動がはっきりしない時期もありましたが、やがて再び門弟との交流を盛んに行なうようになりました。

また七十歳代の半ばに『教行信証』をほぼ完成させると、今度は『浄土和讃』『高僧和讃』『唯信鈔文意《ゆいしんしょうもんい》』等、わかりやすい教学の本を著わすようになりました。この執筆活動は八十歳代に入ってから特に盛んになりました。これは親鸞が同じ時代を生きている人のみならず、将来の、明日の人々に対しても生きるともしびを示しておきたいという、強い意欲に基づくものではないでしょうか。本シリーズの副題「明日にともしびを」はこのことによってつけています。

この間、妻の恵信尼《えしんに》や息子の善鸞《ぜんらん》・娘の覚信尼《かくしんに》・孫の如信《にょしん》をはじめとする家族とはいろいろなできごとがありました。それらはすべて親鸞の救いの思想を深めていきました。帰京後の三十年間は、親鸞の人生の総仕上げでした。

一方、帰京後の親鸞が生きた鎌倉時代の中期は、朝廷に代わって幕府が日本の実権を握りつつある時代でした。商業は発展し、各地の流通も盛んになりました。これに応じて、宗教界にもさまざまな動きがありました。また大陸では蒙古《もうこ》が南宋《なんそう》や朝鮮半島の高麗《こうらい》を長年にわたって圧迫し、侵略し、その影響はしだいに日本にも及んできていました。

「帰京後の親鸞――明日にともしびを――」シリーズでは、このような政治・社会・宗教そして国際状況の中で、親鸞は亡くなるまでどのように生きたのか、可能な限り年齢を区切って追っていきます。全十五冊という計画です。

すでに刊行した本シリーズ第一冊『六十三歳の親鸞――沈黙から活動の再開へ――』では、親鸞は六十歳で一人で帰京し、環境の変化の中でしばらく布教活動をためらい、六十三歳の時に法兄聖覚《ほうけいせいかく》の往生をきっかけに活動を再開したと推定しました。

第二冊『六十七歳の親鸞――後鳥羽上皇批判――』では、親鸞を越後に流した後鳥《ごと》羽上皇《ばじょうこう》がこの年に亡くなったので、それを軸に述べました。上皇の処断は念仏弾圧などではありませんでした。また本冊では親鸞の気持ちも推測しました。

第三冊『七十歳の親鸞――悪人正機説の広まり――』では、親鸞の主な門弟は「二《に》十四輩《じゅうよはい》」や『親鸞聖人門侶交名牒《もんりょきょうみょうちょう》』などにより武士であったと判断されること、彼らが切実に求めたのは悪人正機の救いであったであろうことを述べました。

第四冊『七十四歳の親鸞――覚信尼とその周囲の人びと――』では、親鸞の末娘で本願寺の基を作った覚信尼の生活と、その家族や身近な親族について、また彼女が家の女房として仕えた太政大臣《だいじょうだいじん》久我《こが》通光《みちてる》の活躍を述べました。

第五冊『七十五歳の親鸞――『教行信証』の書写を尊蓮に許す――』では、親鸞が、養父日野範綱《ひののりつな》の息子（つまり親鸞の従弟）で従三位《じゅさんみ》の信綱《のぶつな》（出家して尊蓮《そんれん》）に初めて『教行信証』の書写を許したことと、その社会的意義について述べました。

第六冊『七十六歳の親鸞――『浄土和讃』と『高僧和讃』――』は、親鸞の最初の和讃

（漢文ではない和文の、仏菩薩・先師・経典などを誉め讃える歌）である『浄土和讃』と『高僧和讃』について述べました。親鸞の布教態度が変わってきたのです。

第七冊『七十九歳の親鸞――山伏弁円・平塚の入道の没――』では、はじめ親鸞に強い敵意を抱き、のち帰服して熱心な念仏者になり、この年に亡くなった山伏弁円《やまぶしべんねん》についても述べました。あわせて同年に亡くなった武士の平塚《ひらつか》の入道《にゅうどう》についても述べました。

シリーズ第八冊の本書『八十歳の親鸞――造悪無碍――』の舞台である建長《けんちょう》四年（一二五二）の日本社会は、三十一年前に起きた承久《じょうきゅう》の乱の最終的な決着がつき、幕府主導の政治が安定に向かい始めた年です。しかしながら、その承久の乱の二十年ほど前から社会を混乱に陥し入れ始めていた「造悪無碍《ぞうあくむげ》」の動きが、親鸞の解決すべき深刻な課題となって立ち現われていました。本書では朝廷・幕府の動きと、戒律復興が目立ち始めた宗教界の中で、親鸞がいかに課題解決に立ち向かったかを述べていきます。

◆ 目　次 ◆

帰京後の親鸞—明日にともしびを—⑧

八十歳の親鸞—造悪無碍—

はじめに

建長《けんちょう》四年（一二五二）、親鸞は八十歳になりました。六十歳で関東から京都に帰ってちょうど二十年経ったのです。この年、それまでの藤原将軍（摂家将軍）に代わって皇族将軍が初めて鎌倉に下りました。これで承久《じょうきゅう》の乱《らん》の最終的な決着がついたといわれています。

また朝廷ではそれまでの権力者である九条道家《くじょうみちいえ》が亡くなり、以後九条家はすっかり衰えました。代わって西園寺実氏《さいおんじさねうじ》およびその子孫が最高の権力を握るようになりました。十年前の親鸞七十歳の時から鎌倉幕府滅亡までの九十年あまり、ほとんどの天皇の中宮《ちゅうぐう》（皇后）は西園寺家出身の女性でした。

このような政治情勢の中で京都に住んでいた親鸞は、『教行信証《きょうぎょうしんしょう》』を書いてからでは二十八年も過ぎていました。そして八十歳の数年前から、関東の門弟たちの信仰に関わるある風潮が、親鸞の気持ちを動揺させるようになっていました。それはのちに「造悪無碍《ぞうあくむげ》」と総称されるようになった風潮です。

「造悪無碍」とは、法然を祖とする専修念仏者《せんじゅねんぶつしゃ》たちの中で生まれたもので、「悪いことを積極的に行なっても、阿弥陀仏の極楽浄土に往生することの妨げにはならない」という意味です。この考え方は、「阿弥陀仏はとても大きく限りない慈悲によってすべての人を救ってくださる。どんな悪人であっても救ってくださる。まして、自分の力では自分を救うことのできない悪人であっても救ってくださるのです」という意識に基づいています。いわゆる悪人正機説《あくにんしょうきせつ》（自分で自分を救うことのできない悪人こそ、阿弥陀仏が真っ先に救おうとしている人たちです）から派生した考え方です。破戒《はかい》・無《む》戒《かい》を前提としています。これは社会的混乱を引き起こします。この破戒・無戒を当然のこととする、主に念仏を中心とした鎌倉新仏教の展開は「すべての人々を救う教えの普及」という意図を超えた、よくない結果を生んでしまったのです。

「造悪無碍」を信じて行動すれば、信仰上の混乱はもちろん、社会を混乱させることは明らかです。そのもとの、専修念仏を広めることに努めた法然は、「造悪無碍」

に困惑し、また怒り、『七箇条制誡《しちかじょうせいかい》』を作ってその動きを鎮めようとしました。鎌倉幕府も、社会秩序を乱す念仏者を糾弾する命令を出しています。それは親鸞が京都へ帰ってまもなくのことでした。

そして鎌倉幕府の第五代執権北条時頼《しっけんほうじょうときより》は、厳しい戒律のもとに禅に生きる道元《どうげん》を鎌倉に招きました。また、数年前に北九州に渡ってきた南宋の禅僧である蘭渓道隆《らんけいどうりゅう》も鎌倉に招いています。禅によって、そのもとになっている厳しい戒律を再認識し、「造悪無碍」を抑えていこうということでしょう。さらに鎌倉時代に創出された戒律を重視する真言律宗《しんごんりっしゅう》の忍性《にんしょう》も奈良から関東へ出てきて、鎌倉進出の機会をうかがうようになりました。

そのころ親鸞も関東の「造悪無碍」の動きを抑えにかかりました。はじめは『浄土和讃』『高僧和讃』『唯信鈔文意《ゆいしんしょうもんい》』等により、穏やかに理想的な念仏のあり方を示し直すことによって効果を上げようとしました。しかしそれは無理だとわかったのでしょう、手紙によって明確に叱り、止めさせようとしたのです。それが親鸞八十歳の時でした。

さらに親鸞八十歳の時、親しい門弟の入西《にゅうさい》が亡くなりました。本冊ではそれを最後に述べてあります。

1　皇族将軍（宮将軍）宗尊親王、鎌倉に下る

(1)「征夷大将軍」の意味するところ

親鸞が活躍した鎌倉時代を振り返ってみれば、治承《じしょう》四年（一一八〇）源　頼朝《みなもとのよりとも》が伊豆の蛭ヶ小島《ひるがこじま》で挙兵し、五年後の文治《ぶんじ》元年（一一八五）には平氏を壇ノ浦《だんのうら》で全滅させました。また同年には全国を支配しようとする守護《しゅご》と地頭《じとう》の設置を開始しました。これをもって鎌倉幕府の成立、鎌倉時代の始まりとする説が有力です。守護は各国に置いた軍事・警察面を管轄する役職で、地頭は荘園の支配者です。むろん、当初は頼朝支配下の国々に散発的にしか設置できませんでしたが、幕府の勢いが大きくなるにつれ、その設置は各地に広がっていきました。

幕府というのは、天皇が任命する征夷大将軍《せいいたいしょうぐん》を頂点とする一つの政府組織ですの

で、頼朝が征夷大将軍に任命された建久《けんきゅう》三年（一一九二）をもって鎌倉幕府の開始とする見方もあります。ちなみに武士の政府を「幕府」と呼ぶようになったのは、江戸時代になってからです。鎌倉時代は「関東」と呼ばれ、征夷大将軍は「鎌倉」あるいは「鎌倉殿《かまくらどの》」と呼ばれていました。

日本の権威の源は、あくまでも天皇にありました。そこで幕府の勢力が大きくなってくると、征夷大将軍に頼朝の子や孫ではなく、天皇の皇子をあてたいとする意識が幕府の中で強くなってきました。天皇に任命された征夷大将軍によって幕府を運営するのではなく、天皇の分身ともいうべき皇子を征夷大将軍とすれば、幕府の権威が朝廷と同等あるいはそれ以上に高まるということです。

⑵ 藤原将軍（摂家将軍）への動き

建保《けんぽう》六年（一二一八）、北条政子《ほうじょうまさこ》は上京して後鳥羽上皇《ごとばじょうこう》に「現在の第三代将軍源実朝《みなもとのさねとも》の次には上皇様の皇子を下さい」と願い出ました。そして上皇はこれを承諾しました。

ところが翌年、実朝が暗殺されると、後鳥羽上皇は前言を翻して皇子将軍を拒否しました。そして臣下の家からならよいと認めました。そこで結局、源頼朝の同母妹である坊門姫《ぼうもんのひめ》の曾孫に当たる藤原《ふじわらの》（九条）頼経《よりつね》二歳（幼名は三寅《みとら》）を鎌倉に迎えることになったのです。摂関家（摂政・関白を出す家柄）出身の将軍ということになるので、摂家将軍《せっけしょうぐん》とも呼ばれました。系図で判明するように、頼経は頼朝と親しかった九条兼実《くじょうかねざね》の曾孫にも当たります。

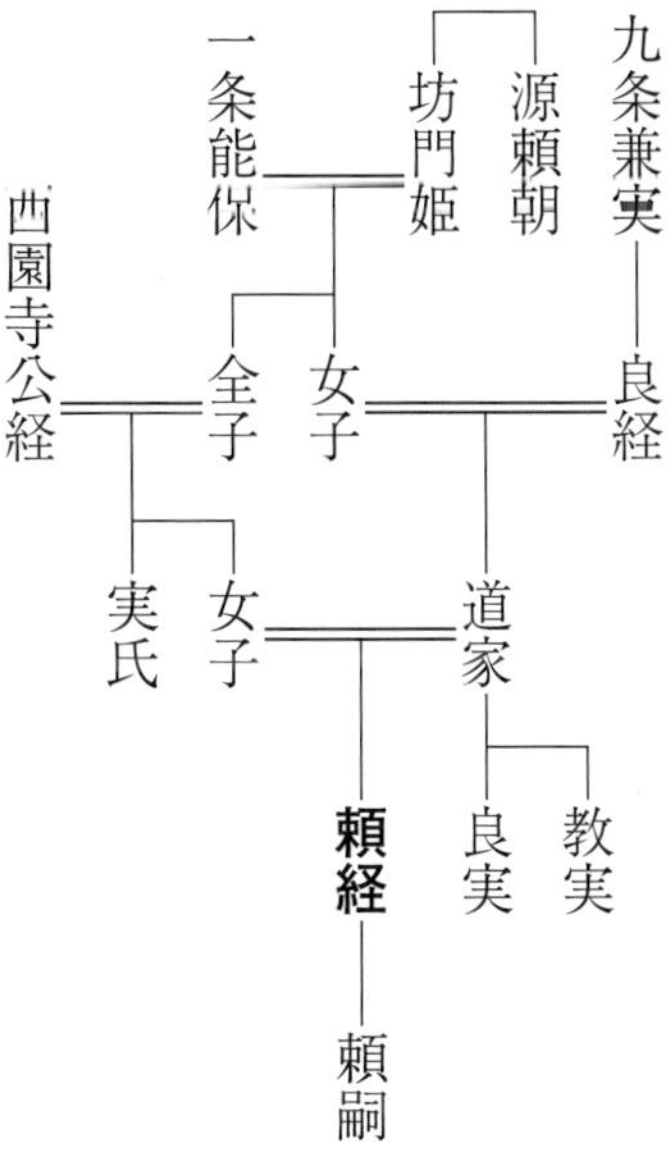

承久三年（一二二一）、後鳥羽上皇は朝廷と幕府の両方を支配下に置こうとする帝王意識のもとに、「義時《よしとき》追討の院宣《いんぜん》」を発しました。義時はそのころの執権であり、頼経はまだ征夷大将軍になっておらず、政子が通称「尼将軍《あましょうぐん》」として幕府のトップに立っていました。

しかし後鳥羽上皇の企ては失敗し、幕府によって隠岐《おき》の島《しま》に流されました。幼児の仲恭《ちゅうきょう》天皇は退位、協力した順徳上皇《じゅんとくじょうこう》や何人かの親王は流罪、他の皇子たちはすべて出家させられました。すでに出家していた皇子もいて、後鳥羽上皇の息子全十三人、朝廷に残ることができた人は一人もいません。

承久の乱の三年後、義時が亡くなると、弟たちとの政争に勝った義時の息子泰時《やすとき》が第三代執権に就任しました。翌年の嘉禄《かろく》元年（一二二五）、政子が亡くなると、泰時は幕府の場所を大倉山《おおくらやま》の麓《ふもと》から鶴岡八幡宮《つるがおかはちまんぐう》の前に移し、御家人《ごけにん》たちの相談機関である評定衆《ひょうじょうしゅう》を新設し、そして鎌倉に下ってきていた藤原（九条）頼経を第四代征夷大将軍に据えました（もちろん、形式的には天皇の任命です）。これが最初の藤原将軍（摂家将軍）です。

⑶ 初めての皇族将軍

泰時は優れた政治家で、日本の支配権を得た幕府の諸組織を新設し、固めました。仁治《にんじ》三年（一二四二）、その没の直前には生活が極端に不遇だった後嵯峨天皇《ごさがてんのう》を立てることに成功しました。この天皇以降、天皇家は親幕府の動きを強めていきます。ただ泰時の息子二人がともに早死《はやじ》にしたこともあって、幕府の中では政争がくすぶり続けました。

ところが寛元《かんげん》四年（一二四六）、二十歳で執権となった北条時頼《ほうじょうときより》は、翌年、北条氏の最大の敵であった三浦泰村《みうらやすむら》を滅ぼしました。さらに時頼は、北条氏と三浦氏の争いの中で将軍を降ろされていながら鎌倉に居座って隠然たる勢威を有していた九条頼経も、京都に追放してしまいました。そして建長四年（一二五二）、親鸞八十歳の時、頼経の息子で次の将軍九条頼嗣《よりつぐ》も京都に追放し、初めての皇族将軍である宗尊親王《むねたかしんのう》を鎌倉に迎えたのです。当時院政を開いていた後嵯峨上皇の第一皇子でした。

こうして建保六年（一二一八）に北条政子を使者として幕府が望んだ皇族将軍の鎌

倉下向は、三十四年経って実現したのです。幕府の権威も上がり、承久の乱の政治的決着が最終的についたとみられています。

2　貴族勢力の変化

(1) 九条家の没落

では後嵯峨上皇が絶対権力を持つに至った朝廷の貴族たちは、どのような勢力関係になったのでしょうか。それは、鎌倉幕府の開始以来の約七十年、紆余曲折はありつつも大勢力を誇っていた九条家が没落し、代わって西園寺家が圧倒的な勢力を握るようになり、土御門家《つちみかどけ》がそれに続くということでした。

承久の乱の時は、九条家の指導者道家は、息子が幕府第四代将軍の含みで関東へ下っていることもあり、後鳥羽上皇に協力しませんでした。乱後は三十年近く、朝廷の中で権力を握り続けました。しかしその間、貴族たちとの勢力争いは続きました。また一家の中でも平穏ではありませんでした。長男の教実《のりざね》は文暦《ぶんりゃく》二年（一二三五）に二十五歳で亡くなりました。次男の良実《よしざね》は父と仲が悪く、母方の祖父の西園寺公経《さいおんじきんつね》にかばってもらっていましたが、のちには父に義絶までされました。

さらに、道家の三男の第四代将軍頼経が幕府内の勢力争いに巻き込まれ、前述のように京都に追放されました。建長三年（一二五一）、幕府転覆を謀る動きがあり、鎮圧されましたが、それに道家や頼経が加わっていたとの噂が立ちました。その結果、翌年一月、将軍頼嗣も解任されて京都に送還されたのです。その中で道家も亡くなりました。二月でした。幕府方に暗殺されたとの話もあります。それが親鸞八十歳の時のことです。

『万代和歌集《まんだいわかしゅう》』に道家の次の和歌が載せられています。詞書《ことばがき》に「長谷寺《はせでら》にまうでてよみ侍《はべ》りける歌中《うたのなか》に（長谷寺に参詣して詠んだ和歌の中に）」とあります。長谷寺は本尊が十一面観音菩薩です。当時、困ったことがあれば他の仏菩薩を置いてまず観音菩薩にお願いに行きなさい、と言われていました。道家も権力回復をすがる思いで祈ったのでしょう。

老《おい》ののち　また思ふことは　なきものを
　人の心に　なほなげくかな

「年を取ってからは、もう思い煩うことは何もないはずなのに、しかし私を貶めようとする人の気持ちにやはり悲しく思い、憤慨《ふんがい》することがある、ああ」。
道家の次男の良実は父に嫌われていたのですが、父のこの和歌をもとにして次の和歌を詠んでいます。

立ちかへり　つれなき世とぞ　しりながら
　人の思ひに　また歎くかな

「冷たくあしらわれるだろうなあと思いながら、でも父に愛して欲しいという気持ちを示すのですが、やはり父は無情でした。悲しいです」（『続古今和歌集《しょくこきんわかしゅう》』）。

道家以降、九条家の勢力はかつてのような圧倒的な勢力を持つことはありませんでした。

(2) 土御門家の勢威向上

土御門家は、村上源氏の庶流《しょりゅう》でしたが、大納言通親《だいなごんみちちか》の時に養女（後鳥羽天皇の乳母《めのと》だった妻の連れ子）が天皇の第一皇子を産み、その皇子を建久九年（一一九八）、強引に即位させたことで権力を得ました。土御門天皇《つちみかどてんのう》です。この前年には関白だった九条兼実を失脚させました。しかし通親は建仁《けんにん》二年（一二〇二）に亡くなりまし

九条兼実の墓への道。東福寺・最勝金剛院。京都市東山区

た。その三年前には内大臣に任ぜられていました。

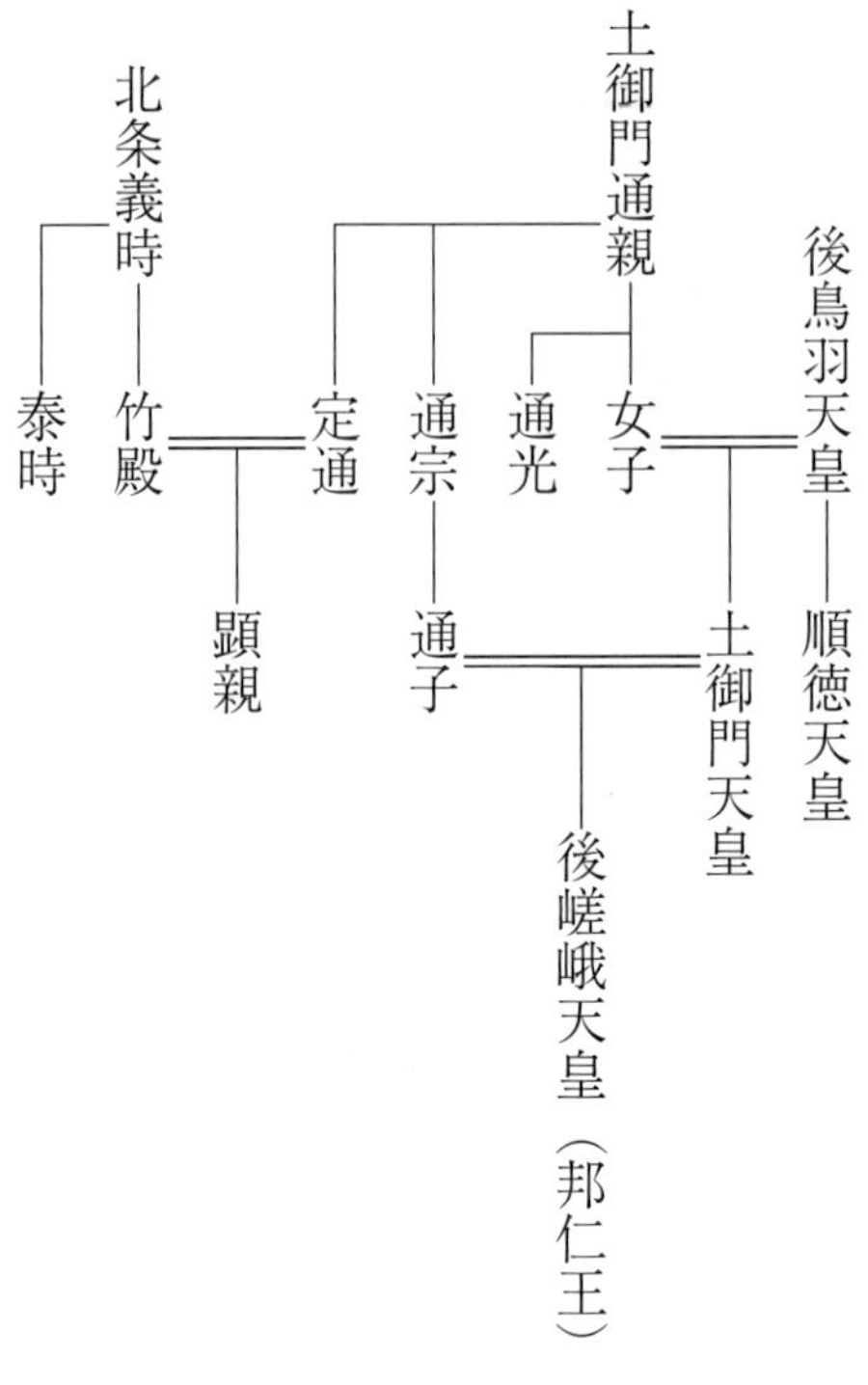

承元《じょうげん》四年（一二一〇）、幕府との対決姿勢を強めつつあった後鳥羽上皇は、温和な性格の土御門天皇を不安視して退位させ、異母弟を立てて順徳天皇としました。以

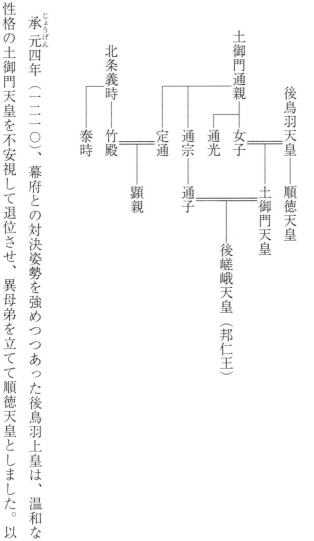

後、土御門家はしばらく不遇の時代が続きます。

ところが仁治三年（一二四二）、当時の天皇である四条天皇《しじょうてんのう》が後継者無く亡くなると、貴族たちの多くは九条道家に近い親族を推したのに対し、執権北条泰時は故土御門天皇の息子邦仁王《くにひとおう》を推薦《すいせん》し、強引に即位させてしまいました。後嵯峨天皇です。土御門天皇と土御門一族は後鳥羽上皇の反幕府の動きに賛成ではなかったからです。それに泰時の異母妹は土御門家の有力者定通《さだみち》の妻となっていたのです。

こうして即位した後嵯峨天皇は、幕府との強い協力関係のもとに政治運営を行ないました。以後の天皇はこの後嵯峨天皇の子孫が受け継ぎましたので、土御門家は天皇家ともっとも近い氏族として繁栄しました。

⑶　西園寺家の勢力大発展

土御門家よりさらに繁栄したのは西園寺家です。西園寺家は藤原氏の一族で、鎌倉時代に活躍した公経が北山《きたやま》に西園寺（寺・別荘。現在の鹿苑寺《ろくおんじ》金閣《きんかく》あたり）を建てたことにより、西園寺氏と称するようになりました。彼は源頼朝の妹と一条能保《いちじょうよしやす》との間の娘を妻としていたこと、および自分も頼朝が親しかった平頼盛《たいらのよりもり》の曾孫であることにより、はじめから鎌倉幕府と親しかったのです。その関係から、承久の乱では幕府の味方をしました。そのため息子の実氏とともに後鳥羽上皇に捕らえられ、監禁《かんきん》されています。その中でも、北条泰時が大軍を率いて攻め上ってきた時には、家来に道案内させて京都に攻め込ませています。

公経は承久の乱後は朝廷で優位な立場を獲得しますが、その優位を決定的にしたのは後嵯峨天皇の中宮に孫の姑子《よしこ》を立てることができたことです。以後、鎌倉時代の末期に至るまでの中宮（皇后）は西園寺氏の出身です（次の系図で数字は天皇の歴代順）。

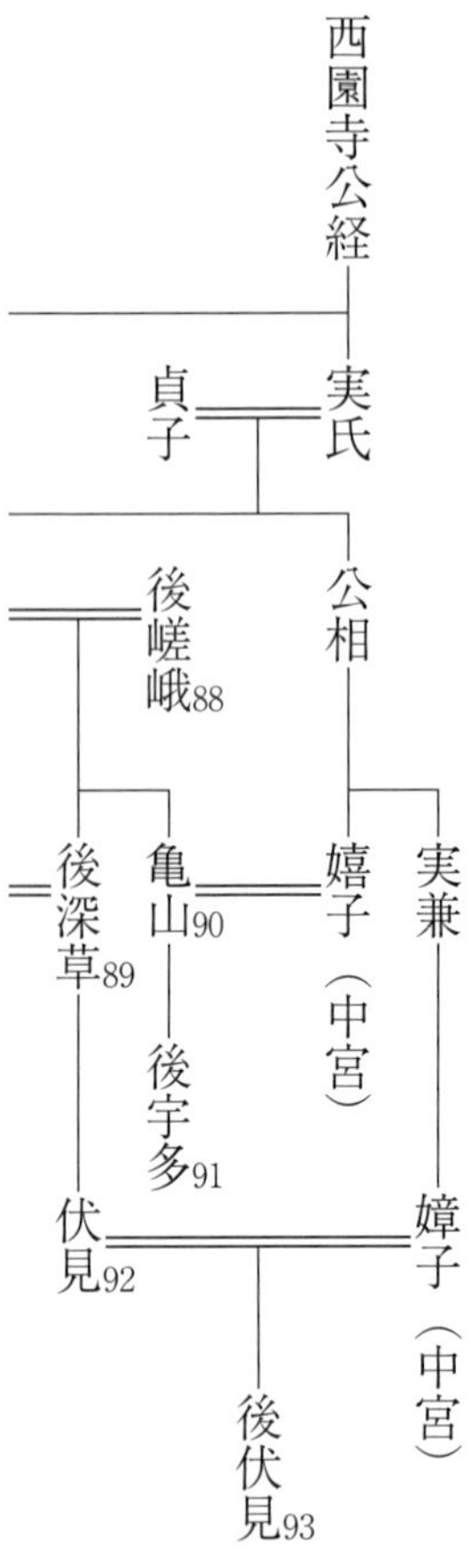

姞子（中宮）
公子（中宮）
実雄
佶子（亀山の皇后――後宇多）

公経は寛元二年（一二四四）、従一位《じゅいちい》太政大臣《だいじょうだいじん》、七十四歳をもって亡くなりましたが、後を継いだ息子の実氏も父同様に活躍しました。父が亡くなった時には右大臣でしたが、寛元四年（一二四六）正月に後深草天皇《ごふかくさてんのう》が践祚《せんそ》すると二ヶ月後には太政大臣となり、やがて同年、鎌倉幕府との連絡役である関東申次《かんとうもうしつぎ》に任ぜられました。

関東申次とは、幕府から朝廷への申し入れの窓口であり、同時に逆の朝廷から幕府への申し入れの窓口でもありました。この役は、朝廷では貴族たちから天皇（上皇）への申し入れと、逆の申し入れを仲介する摂政・関白と同じ役割を果たします。ですから、とても強い権力を有したのです。そしてこの実氏の時から関東申次は西園寺家の世襲《せしゅう》となりました。

太政大臣に任ぜられた実氏は、牛車《ぎっしゃ》に乗ったまま宮中に入ることが許されました。これは滅多《めった》にない名誉なことでした。

いろいろと、これ以上はないと思われるような立場を得た実氏は、次の和歌を詠みました。この和歌は『続後撰和歌集《しょくごせんわかしゅう》』に収められており、次の詞書から始まります。

実氏は五十三歳です。

今上《きんじょう》くらゐにつかせ給うて、太政大臣のよろこびそうし侍りける日、牛車ゆりて、そのころ西園寺のはなを見て
くちはてぬ　老木《おいき》に咲ける　花ざくら
身によそへても　今日はかざさむ

「後深草天皇が即位されてまもなく、私は太政大臣に任ぜられました。そのうれしさを申し上げたいと、特権として与えられました牛車に乗って入内《じゅだい》いたしました。そのころ、西園寺に咲いている桜の花を見て次の和歌を詠みました。

もう年月が経って衰えてしまった桜の老樹に花が咲きました。年をとったけれども晴

れがましい思いにさせてもらった私と同じだと、今日はこの花を髪に挿しましょう」。親鸞が八十歳になったのはこの六年後です。そのような西園寺家が勢力を得ている中で、京都の親鸞は関東の「造悪無碍」の動きに対して少なくとも数年以前から問題視し、対応を始めていました。そして八十歳ころから手紙によって直接の沈静化を図ろうとしていたのです。

3　造悪無碍の風潮とその拡大

(1) 法然の門弟たちと造悪無碍

親鸞八十歳のころから関東の門弟に送った手紙の中に、しきりに造悪無碍のことが出てきます。親鸞は書状でそのような門弟たちが増えてきたと心配しています。

ただこの問題は親鸞八十歳、つまりは鎌倉時代半ばの建長四年（一二五二）に初めて発生したことではありません。形として、僧侶が街中《まちなか》へ出て大暴れする、みんなの迷惑になるということは鎌倉時代だけを見ても、その初めから発生しています。「悪《あく》僧《そう》」と呼ばれた延暦寺《えんりゃくじ》の僧侶や、奈良興福寺《こうふくじ》の僧侶が京都へ来て大暴れする、それを朝廷の検非違使《けびいし》（警察）が鎮めに出る、幕府の六波羅探題《ろくはらたんだい》の武士たちが鎮圧に当たるというのは、いわば日常茶飯事《にちじょうさはんじ》でした。むろんそのような悪僧たちは、そのように暴れることが延暦寺あるいは興福寺のためになる、ひいては自分が仏たちに救われると信じていたのです。

それなら、親鸞が崇敬してやまなかった専修念仏の師匠法然の門弟の念仏者たちはどうだったでしょうか。やはり、いくら優れた法然の門弟とはいえ、「造悪無碍」に走る者が大勢出ました。親鸞の関東の門弟に限ったことではなかったのです。その法然の門弟たちの様子を見てみましょう。

(2) 延暦寺の僧侶たちの反発

①『七箇条制誡』

専修念仏者たちの「造悪無碍」の動きに反発した京都やその付近の人たちの中で、特に天台宗の比叡山延暦寺の僧侶たちが怒りました。そして、そのような乱れたことがないようにせよと法然に命じたのです。法然はあくまでも天台宗の一員だからです。それを受け、元久《げんきゅう》元年（一二〇四）十一月七日、法然は対応を七ヶ条にまとめ、多くの門弟たちに誓いの署名をさせて延暦寺に差し出しました。それが『七箇条制誡』です。

『七箇条制誡』の内容を見ると、具体的な「造悪無碍」の内容がわかります。法然も門弟たちの行ないにとても困惑していた様子が見て取れます。その七ヶ条を要約すれば、それぞれ次のような内容です。第四条と第六条の本文だけは原文と現代語訳を掲げておきます。この時、親鸞は三十二歳で、法然の門に入って四年目です。

京都・鴨川の遠方に見える比叡山

一、阿弥陀仏以外の仏・菩薩の悪口を言うのを禁止する。

二、念仏以外の行《ぎょう》を勤めている人に対して、論争を仕掛けて楽しむのを禁止する。

三、仏教に対して異なる解釈をしている人や、念仏以外の行を勤めている人を嫌い、あざ笑うのは禁止する。

四、「念仏門において戒行《かいぎょう》無し」と号して専ら婬《いん》・酒・肉を勧め、たまたま戒律を守る者を雑行人《ぞうぎょうにん》と名づけ、弥陀の本願を憑《たの》む者、造悪を恐るることなかれ、と説くを停止《ちょうじ》すべし。

〔現代語訳〕「専修念仏の僧侶の中で

は戒律はない」と称し、戒律で禁止されている男女関係を結ぶことや酒を飲むこと、あるいは肉を食べることを勧め、時に戒律を守っている僧侶を見つけると、「念仏以外の役に立たない行ないをしている者だ」と決めつけ、「阿弥陀仏の慈悲に救いを求める者は悪い行ないを積極的に行なってもいいんだ」と説くことを禁止する。

（本文の後注）

右、戒はこれ仏法の大地《だいじ》なり。衆行《しゅぎょう》まちまちなりといへども、同じくこれを専らにす。

〔現代語訳〕　右のことについて説明を加えれば、次のようになる。戒律は仏教全体の基盤である。多数ある修行の内容はさまざまであるけれども、みな同様に戒律を守ることを特に大切にしている。

五、まだよく物ごとを理解していない者が勝手に議論を吹きかけることを禁止する。

六、痴鈍《ちどん》の身をもって、殊《こと》に唱導《しょうどう》を好み、正法《しょうぼう》を知らずして種々の邪法を説いて、無智の道俗を教化《きょうけ》するを停止すべき事。

〔現代語訳〕ほんとうに愚かな身なのに、相手の感情に訴える歌声のような言い方を好み、正しい教えを知らないのにさまざまな誤った教えを説き、無智な僧侶や俗人を指導しようとするのは禁止する。

七、自分勝手に仏の教えではない邪教を説き、これは正しい仏教であるとし、師匠法然のお説きになるところだと嘘をつくのを禁止する。

『七箇条制誡』の最後に、法然は次の内容を強調しました。

以上七ヶ条については、それぞれ各人が別々に説いているのであるが、結局、積もり積もって、全部私法然が多くの愚かな説を説いていることになるのだ。この人たちは阿弥陀仏の救いの経典を汚し、私の評判を大きな声で悪くしている。何が悪いことと言ってこれより悪いことはないぞ。

『七箇条制誡』は、まさに八十歳の親鸞が造悪無碍で悩んだ手紙を門弟たちに発する五十年以上も前に起きたことです。しかしこの状況は断続的に続いており、親鸞八十歳の時に初めて起きた現象ではなかったのです。そして親鸞は五十年前に起きた法然の門弟たちの問題を忘れていたのではありません。八十歳の年の八月十九日付の関東の人々への手紙で、次のように述べています。

法然聖人の御弟子《おんでし》のなかにも、われはゆゆしき学生《がくしょう》など、おもひあひたるひとびとも、この世には、みなやうやうに法文《ほうもん》をいひかへて、身もまどひ、ひとをもまどはして、わづらひあふてさふらふめり。聖教《しょうぎょう》のをしへをもみず、しらぬ、をのをのやうにおはしますひとびとは、往生にさはりなしとばかりいふをききて、あしざまに御こころえあること、おほくさふらひき。

「法然聖人のご門弟の中にも、『私は仏教について正しく知っている学者だ』などと本人も皆も思っている人たちでも、実際には経典やその解説書にある文章を勝手に言い変え、自分も迷い、他人も迷わせてしまい、お互いに苦しんでしまうことがあったのです。そして阿弥陀仏の教えを記した経典を読まないし、内容を知らない人たちでは、『極楽往生は阿弥陀仏の本願によってさせてもらえるので、あなたたちがどんなに悪いことをしても極楽往生を妨げることになりませんよ』ということだけを聞いて、悪いことをしてもいいだろうと思ってしまうことがよくありました」。

そして続けて親鸞は、自分自身の八十歳の関東で起こっていることを、

いまもさこそさふらはめとおぼえさふらふ。

「現在起きていることも、そのようなことなのだと思います」と感想を述べています。

② 承元の法難

もう一つ、この『七箇条制誡』から三年後の建永《けんえい》二年（一二〇七）に浄土真宗でいうところの建永の法難（承元の法難）が起こり、後鳥羽上皇によって法然と門弟の親

鸞以下合わせて八人が流罪、四人が死罪となりました。これは熊野参詣《くまのさんけい》が好きな上皇が取り巻きの貴族たちと熊野へ行っている間、朝廷の女官二人が法然門弟たちの夜の念仏会《ねんぶつえ》に出席した時、感動のあまりに出家したので上皇が怒った結果だといいます。

この法難は、よく、上皇による念仏弾圧であると言われることがありますが、事実は異なります。女官たちは上皇の愛人だったのでしょう。上皇はいまだ二十八歳の若者です。熊野から京都へ戻ってみたら愛人たちが自分に無断で出家してしまっていたのでカッとなり、また自分に無断だった彼女たちを恨み、関係の念仏者たちを死罪にし、流罪にしてしまったのです。この事件から十七年後に親鸞が書いた『教行信証』化身土巻《けしんどかん》に次のようにあります。文中、「主上《しゅじょう》」とあるのが後鳥羽上皇のことです。

主上臣卜《しゅじょうしんげ》、法に背《そむ》き義に違《い》し、忿《いかり》をなし怨《うらみ》を結ぶ。これによりて真宗興隆の大祖源空法師ならびに門徒数輩《もんとしゅはい》、罪科を考えず、みだりがはしく死罪に坐《つみ》す。あるいは僧儀を改めて姓名《しょうみょう》を賜ふて遠流《おんる》に処す。予《よ》はその一なり。

「後鳥羽上皇とその家来たちは規則に違反し、人間の道にはずれ、怒り、恨みました。そのために浄土真宗を大変盛んにした本の人である法然様や門弟たち数人について、どのような犯罪になるかを検討せず、思慮分別《しりょふんべつ》をなくして死刑にしてしまいました。ある人には還俗《げんぞく》させて姓名を与えて遠くに流刑としてしまいました。私はその一人です」。

この文章の中の「法に背き」について、「仏法に背き」と理解するのが普通でした。しかしそうではないのです。これは「朝廷の規則（法律）に違反し」と理解すべきなのです。後鳥羽上皇は仏法に生きる天台宗や真言宗に属しているのではありません。まして法然の専修念仏のグループに籍を置いているのではありません。属しているのは朝廷です。

朝廷では、刑に処すべき案件があった時、天皇（上皇）から法律に詳しい専門家に「どのような刑に処したらよいか」と諮問するのです。するとそれら専門家は「このような（例えば流刑といったような）刑に処すのが適当です」という返事を上申するのです。それが朝廷の法律です。日本は法治国家ですから、そのようにすべきなのです。しかし愛人を勝手に出家させた法然の門弟を怒ってカッとなり、また自分を捨てた愛人を恨んで目がくらみ、このような手続きを無視して死刑・流刑を決定してしまいました。それは朝廷の法律違反だし、人間としてもそんなことをすべきではないでしょう、と親鸞は言っています。

しかし慣例として、平安時代後期から院政を行なっている上皇は「治天《ちてん》の君《きみ》」と呼ばれて、超法規的措置ができる立場に立っていました。上皇が「法律に違反していても、絶対やるぞ」と言えばそれができたのです。しかし、やはり『教行信証』を書いた元仁《げんにん》元年（一二二四）の親鸞は、そのような行ないは法治国家の長としてよくないことです、と主張しているのが「法に背き義に違し」なのです。

この元仁元年の段階で、後鳥羽上皇は承久の乱で負けて今度は自分が隠岐国《おきのくに》に流されて三年目、幕府は絶対に京都へ戻そうとはしていません。いくら治天の君であっても、法律に背いてはいけない、その報いがこのように来てしまうのです、と親鸞は感じているようです。

この事件の際、もし法然の専修念仏者側に非があるとするならば、それはこの時か

吉水草庵で講義をする法然。『法然上人絵伝』の写本より。個人蔵

ら三年前に延暦寺に提出した『七箇条制誡』の第六条にかかわることでしょう。そこには「痴鈍の身をもって、殊に唱導を好み、正法を知らずして種々の邪法を説いて、無智の道俗を教化するを停止すべき事」とありました。

朝廷の女官二人（その名前は松虫《まつむし》と鈴虫《すずむし》であったというのは有名な話ですが、この「松虫」「鈴虫」という名前が出てくるのは、歴史的には江戸時代最末期から明治時代になってからです）を教化した法然の門弟たちに、教化する資格があったか？　資格もないのに出家させてしまったのか？　ということは朝廷側から問題にすることはできます。むろん、だからと言って審議しないで死刑にしてしまっていいということではありません。

ともかくも親鸞が問題視した造悪無碍は、すでに法然のころからその萌芽が見られたということです。では親鸞八十歳に至るまで、鎌倉幕府ではどのような態度を取っていたでしょうか。

(3) 鎌倉幕府と仏教

① 北条泰時と道心堅固ではない念仏者

文暦二年（一二三五）七月十四日、幕府は次のような禁止命令を出しました。幕府では、貞永《じょうえい》元年（一二三二）に発布された『御成敗式目《ごせいばいしきもく》（貞永式目）』以降の法令を「追加法《ついかほう》」と総称していました。この時の追加法は、『吾妻鏡《あずまかがみ》』同日条に次のように記されています。この年、親鸞は関東から京都へ帰って四年目、六十三歳でした。

一　念仏者の事
道心堅固《どうしんけんご》の輩《ともがら》においては、異儀《いぎ》に及ばず。而《しか》して或いは魚鳥を喰《く》らい、或いは党類を結び、酒宴を恣《ほしいまま》しいままに好むの由、遍《ひとえ》にその聞こえ有り。件《くだん》の家《いえ》においては、保々《ほほ》の奉行人《ぶぎょうにん》に仰せて之を破却《はきゃく》せしむべく、その身に至りては、

鎌倉の若宮大路。写真奥が鶴岡八幡宮。鎌倉時代には「鶴岡八幡宮寺」と称する寺院でした。

鎌倉中を追却《ついきゃく》すべし。

「一つ　念仏者について

仏道を正しく修行しようという念仏者については、まったく問題はない。しかし戒律に背いて生き物の魚や鳥を食い、さらには危険そうな団体を作り、酒の宴会をしきりに行なっている念仏者がいると各所から噂が伝えられてくる。ついては彼らが住んでいる家については、その地区の管理者に命じて、壊させ、本人たちは鎌倉から追い出しなさい」。

現代の日本政府の法令とは異なり、鎌倉幕府の命令が行き届く範囲はさまざまでした。基本的には鎌倉市内と征夷大将軍の領地です。さらには六波羅探題や御家人たち本人です。御家人の領地では、御家人本人が従来からの慣行なども考慮して別に命令を下したのです。朝廷や貴族たちには及びません。

むろん、そうは言っても、御家人たちが幕府の方針に反することを強硬に打ち出すことはしませんが。

② 朝廷と幕府とは同じ方針

またこの法令を出してから十日後、執権北条泰時と連署《れんしょ》の北条時房《ときふさ》は、六波羅探題の北条重時《しげとき》（泰時の弟）と北条時盛《ときもり》（時房の息子）に対して、次のような手紙を送っています。文中の中納言《ちゅうなごん》二条《にじょう》定高《さだたか》は、朝廷の六波羅探題担当者です。

一　念仏者と称し、黒衣《こくえ》を着するの輩、近年都鄙《とひ》に充満《じゅうまん》して諸所を横行《おうこう》し、不当の濫行《らんぎょう》を現わすと云々。尤《もっと》も停廃《ちょうはい》せらるべく候。関東においては、仰せ付けらるるに随い、沙汰致すべく候。此のこと、宣旨《せんじ》度々《どど》に及ぶと雖《いえど》も、未《いま》だ対《たい》治《じ》せられず。重ねて遍《ひと》へに宣下《せんげ》せらるべきの由、二条中納言家に申し入れらるべきの状、仰せによって執達件《しったつくだん》の如し。

「自分は専修念仏者だと言って黒い衣を着ている者たちが、最近、都や地方に大勢いて各地を勝手に歩き回り、無法に乱暴をしているということだ。これらは特に禁止させなさい。幕府では天皇のご命令によって、指示をしています。これらの問題については、何度も天皇のご命令をいただいていますが、依然として解決していません。またともかくもご命令を下さるよう、中納言二条定高殿に申し入れるようにとの将軍九条頼経様の命令によって、このように伝えます」。

この泰時・時房の書状で注目すべきことは、全国統治・治安に関わるような幕府の方針は、すべて天皇の命令下に行なっていると述べていることです。つまり京都や鎌倉以外の諸地方でも、念仏の効果を大げさに説いて治安を乱す「造悪無碍」の念仏者（あるいは念仏者と称する）の増加で困っているということになります。

むろん、幕府の方針を朝廷に強硬に申し入れて、それを認めさせるということもあったでしょう。その場合でも、「天皇の指示」が犯しがたい権威を持っていたからこそ、幕府は天皇に従ったという形を取ったのです。

ともかく文暦二年（一二三五）当時の執権北条泰時を指導者とする幕府の指導者たちは、さらには朝廷の貴族たちも、勝手な行ないをする念仏者に眉をひそめていたのです。そしてこの年、親鸞は六十三歳、帰京後のしばらくの沈黙から復帰し、再び東国の門弟たちと連絡を取り合うようになりました。筆者は、そのきっかけは同年三月に法兄聖覚《ほうけいせいかく》が亡くなったことであろうと推測しています（拙著『六十三歳の親鸞――沈黙から活動の再開へ――』自照社出版、二〇一八年）。

4 鎌倉幕府の造悪無碍阻止の動き

(1) 執権北条時頼、禅僧を鎌倉に招く

① 只管打坐の道元

執権北条時頼は、自身の信仰のためにも、また社会的課題の解決のためにも戒律を重視する僧侶たちと交流しました（拙著『仏都鎌倉の一五〇年』吉川弘文館、二〇二〇年）。まず曹洞宗《そうとうしゅう》の道元《どうげん》です。

道元は、正治《しょうじ》二年（一二〇〇）、内大臣であった土御門通親の子として生まれました。やがて出家して延暦寺で修行、さらには中国に留学して曹洞宗の禅を学んで帰国しました。彼は戒律を厳しく守り、只管打坐《しかんたざ》（ただひたすら坐禅を組みなさい）・修証《しゅしょう》一如《いちにょ》（坐禅を組んでいることこそ悟りの姿）だと主張しました。もともと中国の禅宗

は、戒律を守って坐禅を組んで気持ちを整え、念仏を称えて極楽往生を目指すというものでした。これを念仏禅《ねんぶつぜん》といいます。道元が「これぞ禅」として日本にもたらした禅は、これとは異なって純粋禅《じゅんすいぜん》と呼ばれています。

道元は末法思想《まっぽうしそう》を否定し、仏道は戒律を厳しく守った上で成り立つとし、釈迦が悟りを得るに至った経過を追体験《ついたいけん》せよ、と説きました。末法思想は、末法の時代（鎌倉時代は完全に末法の時代に入っています）では人間には自分で悟る力はまったくないとするものです。この思想を否定するということは、人間には自力で悟る力はあるのだ、と主張するということになります。

帰国した道元は延暦寺の僧たちから嫌われました。禅そのものは延暦寺でも重要視されていましたが純粋禅ではなく、従来とは異なった禅を持ち込んだとして不快に思われたのです。しかし六波羅探題に勤務していた御家人の有力者である波多野義重《はだのよししげ》の帰依《きえ》を受け、越前国《えちぜんのくに》に大仏寺《だいぶつじ》（のちに永平寺《えいへいじ》と改名）を建立し、修行を続けました。宝治《ほうじ》元年（一二四七）、北条時頼は道元を鎌倉に招いています。時頼は自分自身の信仰もあったでしょうけれども、戒律を厳しく守る僧侶を招いて、「造悪無碍」による治安の乱れを抑える一助にしたかったものと推定されます。

② 渡来僧の蘭渓道隆

蘭渓道隆《らんけいどうりゅう》は寛元四年（一二四六）に中国から日本に渡ってきた禅僧です。はじめ博多に住んで勝福寺《しょうふくじ》を興し、翌年には京都に入って泉涌寺《せんにゅうじ》に住みました。建長年間（一二四九〜）には北条時頼に招かれて鎌倉に下り、寿福寺《じゅふくじ》、ついで常楽寺《じょうらくじ》に住みました。蘭渓道隆の禅も純粋禅であり、渡来僧ということもあって大いに注目されました。時頼は建長五年（一二五三）、鎌倉に建長寺《けんちょうじ》を建立して蘭渓道隆を開山として住まわせています。

時頼、そして幕府の御家人たちは道元の場合と同じく、「造悪無碍」対策としても大きな期待を寄せたものでしょう。

(2) 真言律宗、鎌倉入りを狙う

① 真言律宗の成立と叡尊

一方、北条時頼は真言律宗にも注目しました。真言律宗というのは、建仁元年（一二〇一）に生まれて真言宗の修行をした叡尊《えいぞん》が、戒律を固く守って自らの宗教的境地を深め、衆生《しゅじょう》の利益《りやく》を図ろうとしたことに基づいて成立した宗派です。彼は荒れていた奈良の西大寺《さいだいじ》を根拠地として活動を広げました。

そしてその戒律を厳しく守る姿に打たれた貴族たちが次々に援助をし、宝治元年（一二四七）には西大寺の僧堂《そうどう》が建立されています。さらに建長元年（一二四九）には仏殿《ぶつでん》が建立され、嵯峨《さが》清涼寺《せいりょうじ》の釈迦像が模刻《もこく》されて西大寺に迎えられ、盛大な開眼《かいげん》供養《くよう》が行なわれています。

② 忍性、常陸・三村に進出

叡尊の門弟の忍性《にんしょう》は幕府の支持を得るため、建長四年（一二五二）、まず常陸国《ひたちのくに》三《み》村《むら》へ行き、地元の豪族の援助のもとに寺院（三村寺《みむらじ》）を建立しました。まさに親鸞八十歳の年です。以後十年間、三村寺を中心にして活動しました。やがて幕府の有力者である北条重時に招かれて鎌倉に入り、それ以前からあった阿弥陀信仰の寺と推定される極楽寺《ごくらくじ》を復興させ真言律《しんごんりつ》の寺としています。二年後の弘長《こうちょう》元年（一二六一）、重時は別荘として数ヶ月住んで病を養っていたこの寺院で亡くなりました。そのために、後世、重時は極楽寺重時と呼ばれるようになりました。

忍性の門下が造立したと推定されている石地蔵菩薩立像。つくば市みむら

5 親鸞、和讃と書籍により念仏と念仏者のあり方を説く

(1) 和讃と今様

東国の門弟たちの中で「造悪無碍」の風潮が目立ってきたと伝えられても、親鸞は半信半疑《はんしんはんぎ》のことでもあったのでしょう、すぐには叱りや誡めの指示を出した気配はありません。まず、正しい信仰の内容、正しい信仰生活のあり方を再確認して門弟たちの自覚を促すという方法を取ったようです。それが『浄土和讃』・『高僧和讃』・『唯信鈔文意』を執筆して門弟たち、それから将来の人たちにも読ませるという方法でした。この三点のうち、『浄土和讃』と『高僧和讃』は拙著『七十六歳の親鸞――『浄土和讃』と『高僧和讃』――』（自照社、二〇二一年）で和讃執筆という観点で述べました。本書では「造悪無碍」の観点からこれらを要約する形であらためて述べます。

和讃は漢文ではなく、日本語（和語《わご》）で仏の功徳を讃える歌です。平安時代末期から鎌倉時代に大流行した今様《いまよう》という流行歌を手本にしています。このことも前掲拙著で述べましたが、以下あらためて今様について述べておきます。

今様は七音で始まり、次に五音と続け、それを繰り返していきます。これを七・五調といいます。人の心を沸き立たせる調子です（もっとも、七音・五音ではない字余り・字足らずも時々あります。それはやむを得ません）。後白河法皇《ごしらかわほうおう》が編集した『梁塵《りょうじん》秘抄《ひしょう》』に次のような今様があります。

春の焼野《やけの》に　菜を摘めば　岩屋《いわや》に聖《ひじり》こそ　おはすなれ　唯一人《ただひとり》。

野辺《のべ》にてたびたび　逢ふよりは　な　いざたまへ　聖こそ。

あやしの様《よう》なりとも　わらはらが柴《しば》の庵《いおり》へ。

注一「春の焼野」＝新しい芽がよく出るように、早春に野の枯れ草を焼きます。

注二「わらはら」＝「わらは（私、女性）・等」ですが、この場合の「等（ら）」は複数ではなく、単数で、自分を強調するときに使用する言葉です。男性なら「我等

（われら）」です。

「早春の焼野で山菜を摘んでいると、山の洞穴に僧侶がたった一人で住んでおられるのを見つけました。そして野原で時々出会い、少し言葉を交わします。でも、それより、貧しい家ですけれども、ぜひこの私の家へいらっしゃいよ」。女性が修行者を誘っているのです。

また、年配者が自分のはかない一生を思う今様も多いです。

我等は何して　老いぬらん。思へばいとこそ　あはれなれ。
今は西方《さいほう》　極楽の　弥陀の誓《ちかい》を　念ずべし。

「この私は、一生を思い返すと、極楽往生のための何の効果的な行ないもできていません。どうしてこんな一生だったんだろう、と悲しいです。もう今は私たちを西方極楽浄土へ導いてあげようという阿弥陀仏の誓いにひたすらお願いしましょう」。

今様は、必ず声に出して歌い、また舞うのです。『梁塵秘抄口伝集《くでんしゅう》』に、後白河法皇は今様を歌うのが好きで好きで、とうとう喉《のど》が腫《は》れ、湯水が通る隙間《すきま》もなくなりましたが、かまわず歌っていたとあります（拙著『鎌倉時代の和歌に託した心』「2　今様で乱世を生き抜く」自照社、二〇二一年）。この書物は法皇自身が執筆したものです。

親鸞はこの今様の流行を背景に『浄土和讃』と『高僧和讃』を作ったのです。そのころの多くの人たちは文字が読めませんでした。今様はその人たちも覚えやすいリズムで作られています。親鸞はそのリズムに乗せて門弟たちの「造悪無碍」の動きを鎮めようとしたのです。

ちなみに親鸞は八十五歳の康元《こうげん》二年（一二五七）かそれ以降に、『正像末和讃《しょうぞうまつわさん》』を作りました。こちらは、教学の上でも家庭人としても深刻な経験を経た上で、当時の仏教界や俗界に対して自分の考えを述べたものです。『浄土和讃』・『高僧和讃』・『正像末和讃』は、南北朝時代以降、合わせて『三帖和讃《さんじょうわさん》』と呼ばれるようになりました。

親鸞作の和讃はすべて七・五調です。そして合わせて十二音を一句とし、四句（四行）を一首としています。さらに、二首またはそれ以上で連作されている場合も多いのです。それだけ長く続けないと一つの情景または教えが完結しない場合があるのです。この連作の形式は和讃史上では特異な形式です。

⑵『浄土和讃』

①『浄土和讃』の内容

『浄土和讃』は、『無量寿経（大経）』・『観無量寿経（観経）』・『阿弥陀経（弥陀経）』（以上三つの経典を「浄土三部経」といいます）その他の経典によって、阿弥陀仏と極楽浄土を誉め讃えたものです。この和讃は、

「冠頭讃《かんとうさん》」全二首
「讃阿弥陀仏偈和讃《さんあみだぶつげわさん》」全四十八首
「大経の意」全二十二首
「観経の意」全九首

「弥陀経の意」全五首
「諸経のこころによりて弥陀和讃」全九首
「現世利益和讃《げんぜりやくわさん》」全十五首
「首楞厳経《しゅりょうごんきょう》によりて大勢至菩薩和讃したてまつる」全八首

という項目の内容で構成されています。これらについてのおおよそは前掲拙著で述べましたので、ここでは最後の「首楞厳経によりて大勢至菩薩和讃したてまつる」の、最後の和讃だけを挙げておきます。

「首楞厳経によりて大勢至菩薩和讃したてまつる」全八首は勢至菩薩すなわち法然であるとして法然を讃えています。

第八首
念仏のひとを摂取して
浄土に帰せしむるなり

大勢至菩薩の
大恩ふかく報ずべし

「大勢至菩薩は念仏の行者を救って極楽浄土に連れていってくださいます。この大勢至菩薩の大きな恩に感謝し深くお返しをしましょう」。

②『浄土和讃』執筆の目的

親鸞が『浄土和讃』を執筆したのは七十六歳の時です。すなわち、『教行信証』を書いて浄土真宗の教義をまとめた五十二歳の時から二十四年経っています。人間ひと世代は約三十年ですから、そろそろ社会の展開に即した浄土真宗教義の説明し直しが必要になってきた時期です。

親鸞七十六歳は、京都に戻ってからでも十六年経っています。ということは、関東に残してきた多くの門弟たちとの直接の会話がなくなってから久しいということです。教義を勝手に解釈し、また教義に基づく正しい行動をしない門弟たちが多くなってきても、親鸞はその実態を見ることができず、それに基づく注意も非常に困難なのです。

むろん、時折、武士である門弟が京都の親鸞を訪ねたことはよく知られています。しかしそれらの門弟が、親鸞の前ではよそ行きの顔で正しい教義に基づく応答をすることがあろうことは容易に想像がつきます。故郷に戻れば、その環境の信仰に同調した生活をすることも同じです。病気・安産・畑の虫追いなどのための加持祈祷がそれです。山伏《やまぶし》などに頼んで行なってもらうのです。あるいは大酒を飲んだり、治安を乱すような行動をしたりです。そして喧嘩や殺し合いなどもあったことでしょう。前掲の『吾妻鏡』に見た鎌倉幕府の「追加法」の「道心堅固」でない「念仏者」は、まさにその代表的存在です。この「追加法」は、『浄土和讃』執筆の十三年前でした。

親鸞は、「道心堅固」でなく「造悪無碍」の道に進んでしまった門弟たちを強く叱るのではなく、まず正しい信仰のあり方を合唱する歌によって示したのです。それが『浄土和讃』です。でも、よく、文字が読めない人にもわかりやすい和讃であったと言いますけれども、今様と異なり仏教教義である和讃の内容はなかなか難しいです。

しかも専修念仏の教義は一般的な仏教教義と異なっていますから。ただ、すぐにはわかりにくくても、みんなで合唱を繰り返し、また一人で何度も歌っていれば理解できる内容も増えてくるでしょう。親鸞はそれを期待したものと推定されます。

そして親鸞は、仏教が始まったインド以来、正しい念仏が正しい念仏者によって伝えられてきたことを示したいと、その人物たちについて同じく和讃で説明しました。それが『高僧和讃』です。

(3)『高僧和讃』

①『高僧和讃』の内容

『高僧和讃』はインド以来の七人の僧侶を讃えた和讃です。その僧侶はインドの龍《りゅう》樹菩薩《じゅぼさつ》が全十首、以下、天親菩薩《てんじんぼさつ》全十首、中国の曇鸞和尚《どんらんかしょう》全三十四首・道綽禅師《どうしゃくぜんじ》全七首・善導大師《ぜんどうだいし》全二十六首、日本の源信大師《げんしんだいし》全十首・源空《げんくう》（法然）聖人《しょうにん》全二十首です。親鸞が真宗の祖師と定めて崇敬した七人の高僧たちです。ここでも『浄土和讃』

と同様に、最後の源空聖人の第二十首だけを挙げておきます。

第二十首
本師源空《ほんじげんくう》命終時《みょうじゅうじ》
建暦第二壬申歳《けんりゃくだいににんしんさい》
初春下旬第五日
浄土に還帰《げんき》せしめけり

「根本の導師である法然聖人が亡くなったのは、建暦二壬申《みずのえさる》年（一二一二）一月二十五日です。この日浄土に戻られました」。

②『高僧和讃』執筆の目的

『高僧和讃』は『浄土和讃』に引き続き書かれています。つまり両書合わせて執筆するという計画だったと推定されます。親鸞は、「造悪無碍」を鎮めるために、まず世の中に人気の、今様の七五調の調子に乗せた正しい信仰のあり方を説く和讃を作成して、合唱させようとしたのです。そして引き続き、正しい信仰を持った人々を念頭に置かせるべくインド以来の高僧に関する和讃を作成したのです。

(4) 法然の大きな影響力

『高僧和讃』で法然を扱っているのは当然ながら、『浄土和讃』の最後に「首楞厳経によりて大勢至菩薩和讃したてまつる」と勢至菩薩を大きく取り上げているのも注目されます。そしてこの和讃の後に、注のようにして「已上大勢至菩薩は源空聖人の御本地也」とあることも重要です。

法然が勢至菩薩の生まれ変わりという話は、すでに法然が生存中に広まっていたことです。それだけではなく、鎌倉そして関東では「法然（源空）」という名前がとても大きな存在でした（前掲拙著『仏都鎌倉の一五〇年』）。熊谷直実《くまがいなおざね》をはじめとする御家人たちや、北条政子も法然の教えを受けていました。また箱根神社の支配者の聖覚は、法然の高弟であり、政子三回忌の導師として鎌倉に招かれています。さらに法然の高弟であって相模国厚木《さがみのくにあつぎ》で亡くなった隆寛《りゅうかん》の門弟たちも関東に勢力を広げつつありました。

親鸞没後のことですが、下野国高田《しもつけのくにたかだ》を本拠とする高田門徒の専修寺《せんじゅじ》は、少なくとも室町時代の十五世紀の半ばまでは法然影響下の真仏《しんぶつ》を開山とするとして伝えられています（『二宮町史　通史編Ⅰ　古代中世』二宮町、二〇〇八年）。親鸞の名は出てこなくなります。さらに親鸞以降では、法然の孫弟子に当たる浄土宗鎮西派《じょうどしゅうちんぜいは》の第三祖である良忠《りょうちゅう》が関東で大きな勢力を広げています。

つまり関東では「法然」の影響力は大きかったのです。親鸞の門下たちを説得するためには、親鸞だけでなく、法然の名を出すことが一層効果があったということです。

(5)『唯信鈔文意』

① 聖覚と『唯信鈔』

『唯信鈔』は親鸞の法兄聖覚が承久三年（一二二一）八月に執筆したものです。おりしもこの年の五月、後鳥羽上皇が幕府の執権北条義時を追討する院宣（上皇の命令を院宣といいます。天皇の命令なら詔《みことのり》あるいは勅《みことのり》です）を下しました。ところが翌六月には北条泰時を総大将とする幕府軍が京都に攻め入り、七月には上皇を隠岐の島に流してしまいました。時の天皇である仲恭天皇も退位しました。

聖覚は法然の門弟ですけれども、同時に依然として天台宗の一員であり、その有力者でした。関白だった九条兼実の日記『玉葉《ぎょくよう》』には、その父である権大僧都《ごんのだいそうず》澄憲《ちょうけん》とともに、兼実の屋敷に招かれたことが何度も出てきます。

聖覚は、このような激動の時代に、そしてこのような時代だからこそ、人々に念仏に生きてほしいものであると『唯信鈔』を執筆したのでしょう。『唯信鈔』とは、「念仏によって阿弥陀仏に救われるためには、ただ信じることこそが大切である」ということを説いた書物です。「鈔」とは「抄」と意味がほぼ同じで、「たくさんある中から重要な少しを選び出した」という意味です。現代の「たくさんある中から少し選び出した」という意味とは異なります。

聖覚は、いろいろな経典やその解説書から念仏の重要性を説く文章を選び出し、さらにそれを当時の社会の人々にわかりやすい例を挙げて説明しています。

聖覚が『唯信鈔』を執筆した時、親鸞は関東に住んで七年目の四十九歳でした。もう人生経験豊かな年齢ですけれども、布教活動に当たって書物を書いて示すことをその一助としようという考えは持っていませんでした。しかし文字の読める僧侶や武士たちには、書物で念仏や信心その他いろいろなことを勉強したいという人たちもいます。そのことは親鸞もわかっており、そのためには『唯信鈔』を書写してその人たちに送っています。

② 親鸞『唯信鈔文意』執筆の目的

親鸞が「造悪無碍」対策のために『浄土和讃』と『高僧和讃』を書いたのは、『唯信鈔』が書かれてから二十七年後でした。しかしこの二つの書物では必ずしも効果が上がりませんでした。特に、「念仏とは何か」、さらには「信心に基づく念仏とは何か」という親鸞の教えの根本について、門弟たちは和讃では満足できなかったのでしょう。やはり書物で本格的に体系立てて説明する必要があります。かといって、『教行信証』では難しすぎて多くの人たちに読んで理解してもらうのは不可能と言ってよいでしょう。そこで自分も読み、弟子たちにも読ませていた『唯信鈔』を使うことにしたのです。それは『浄土和讃』『高僧和讃』を書いた二年後の『唯信鈔文意』でした。親鸞七十八歳でした。『唯信鈔』が世に出てからまもなく三十年です。もう『唯信鈔』が書かれた時とは社会が変わっています。幕府でも北条義時、北条政子、北条泰時はおらず、泰時の孫の時頼の時代に入っています。時頼はまだ二十代前半の青年でしたが。

聖覚は『唯信鈔』を執筆当時の社会に関わるいろいろな状況を持ち込み、「例えば」として使って「信」をわかりやすく説明しています。しかし親鸞は一世代前に書かれた内容を説明するのに、三十年後の社会状況を引いて「例えば」とすることはできなかったのです。『唯信鈔』の文言を正面から取り上げて、わかりやすく説明することに徹しました。それが『唯信鈔文意』すなわち「『唯信鈔』の文章の意味するところ」という書名をつけた理由でしょう。

したがって『唯信鈔』はかなりおもしろい内容となっているのですけれど、正直なところ、『唯信鈔文意』は読んでおもしろいという印象はありません。生まじめに『唯信鈔』の中の単語・文章の解説に徹しています。

6 親鸞、書状にて造悪無碍を誡める

(1) 親鸞と造悪無碍

しかし結局、造悪無碍の勢いを止めることはできませんでした。そのため、『唯信鈔文意』執筆の二年後の建長四年（一二五二）、親鸞は常陸の門弟たちに手紙を書いて「造悪無碍」を正面から誡めました。長い引用になりますので、便宜的に数字をつけて分けて検討します。

❶なによりも聖教のをしへをもしらず、また浄土宗のまことのそこをもしらずして、不可思議の放逸無慚《ほういつむざん》のものどものなかに、悪はおもふさまにふるまふべしとおほせられさふらふなるこそ、かへすがへすあるべくもさふらはず。（中略）

❷凡夫《ぼんぶ》なればとて、なにごともおもふさまならば、ぬすみをもし、ひとをもころしなんどすべきかは。

❸もと、ぬすみごころあらんひとも、極楽をねがひ、念仏をまふすほどのことになりなば、もとひごうたるこころをも、おもひなをしてこそあるべきに、そのしるしもなからんひとびとに、悪くるしからずといふこと、ゆめゆめあるべからずさふらふ。

❹煩悩《ぼんのう》にくるはされて、おもはざるほかに、すまじきことをもふるまひ、いふまじきことをもいひ、おもふまじきことをもおもふにてこそあれ。

❺さはらぬことなればとて、ひとのためにもはらぐろく、すまじきことをもし、いふまじきことをもいはば、煩悩にくるはされたる義にはあらで、わざと、すまじきことをもせば、かへすがへすあるまじきことなり。

（以下、❶から❺までの現代語訳）

「❶どんなことよりも阿弥陀仏に関する経典・注釈書に示されている教えも知らないで、あるいは極楽浄土往生を目指す教えのほんとうの基本をも知らず、正気の沙汰ではない、わがままで恥知らずの者たちの中に、悪いことは思いっきりやろう、と言われる者がいるのは、ほんとうに言語道断のことです。（中略）

❷悪を止めようと思っても止めることができず、善を行なおうと思っても行なうことができない生まれつきだからといって、また、どんなことでも思うようにしてよいからといって、盗みなどをし、人を殺すなどをしてよいわけがないじゃないですか。

❸もともと、盗みをしようという人であっても、極楽への往生を願い求め、念仏を称えようというほどの人になったら、もとの曲がった心を思い改めてこそ正しい在り方なのに、そんなことを考えてもいない人に、悪いことをしても極楽往生に問題ないと言うことは、絶対にあってはなりません。

❹私たちは、心身を悩まし、煩わせる心の働きにより、考えてもいないのにしてはい

けないことをし、言ってはいけない嘘《うそ》や悪口を言い、思ってはいけないことを思ってしまうのですよ。

❺阿弥陀仏の本願の救いには差し支えないことだからといって、他の人に対して不正直で、してはいけないことをし、言ってはいけないことを言えば、これは心の迷いから出てしまったことではなく、意図的に、してはならないことをしてしまうことですから、ほんとうにあってはいけないことです」。

以上のように見てくると、親鸞が聞いた関東の門弟たちに関わる造悪無碍とは、まず、念仏を称えれば阿弥陀仏はどんな悪人でも救ってくれるのだから、どんな悪いことをしても大丈夫だよ、と教える門弟あるいはその影響下の人たちがいるということです。そしてその悪いことというのは、盗み、殺人、嘘・悪口が目立つということでしょう。そして当然、親鸞が教えたと思っている正しい専修念仏を誤解して、あるいはわざと曲解して「親鸞様のお教えです」と人々に伝えているということになります。

しかしこれらのことは法然以来の悪人正機説に由来してしまいます。この説は、皮肉なことに、人間の心はすべて善である、正しく極楽往生をめざし、意図的に悪いことをしようとは思わないということを前提にしていると言わざるを得ません。

⑵ 親鸞、門弟を評価する

① 明法房（山伏弁円）を褒める

このころ、親鸞は門弟の明法房《みょうほうぼう》（山伏弁円《やまぶしべんねん》）と平塚《ひらつか》の入道《にゅうどう》を褒め、善乗房《ぜんじょうぼう》を悪く言っています。明法房と平塚の入道については、これも前掲拙著で紹介しましたが、あらためてまず明法から親鸞の手紙によって紹介します（宛名、年月日不明）。

山伏弁円（明法房）ゆかりの大覚寺近くの畑に残る名号碑。石岡市大増

なにごとよりも明法の御房《おんぼう》の往生の

本意とげておはしましさふらふこそ、常陸国中の、これにこころざしおはします
ひとびとの御ために、めでたきことにてさふらへ。

「どんなことより、明法房さんが極楽往生したいという心からの願いをとげられたことこそは、常陸国の中の、私がお教えした念仏を称えている方々にとって、おめでたいことですね」。

親鸞は明法が理想的な念仏者であったこと、彼を手本にして念仏の道に生きてほしい、と言っているのです。

②平塚の入道を褒める

さらに親鸞は、明法と同じ年に亡くなった平塚の入道についても褒め上げています。親鸞八十歳の年の八月十九日付の手紙に次のようにあります。

またひらつかの入道殿の御往生とききさふらふこそ、かへすがへすまふすにかぎ

りなくおぼえさふらへ。めでたさまふしつくすべくもさふらはず。

「さらに、平塚の入道さんが極楽往生されたと伝えられたことこそ、かさねがさね言葉に出せないほどうれしい思いです。そのおめでたいことは、いくら述べても述べ切れるものではありません」。

明法房の前身は山伏弁円で、浄土真宗の中ではよく知られている人物です。平塚の入道についてはよくわからないところがあります。「平塚の入道」とあるからには、平塚を領地として住んでいる武士で、出家の形をとっているという推測は容易にできます。ただし俗人であって、僧侶ではありません。彼は親鸞の門弟で了源《りょうげん》という人物であるという説がありますが、その了源は二人いるようです。一人は真宗仏光寺派と真宗興正寺派の第七世とされている人物です。もう一人は神奈川県大磯町《おおいそまち》・善福寺《ぜんぷくじ》（浄土真宗本願寺派）の開基とされている人物です。

さらに平塚という地名は常陸国・下総国《しもうさのくに》・相模国に合わせて数ヶ所以上あります。どこに住んだ武士か確定するのは難しい状況です。

いずれにしても、親鸞は常陸国を中心とする門弟たちにその名がよく知られた明法房と、平塚の入道を手本として本願の念仏に励むように指示を送っているのです。

③　善乗房を批判する

これに対して、この人物は手本にしないようにと名を挙げている人物がいます。それは善乗房という人物です。前掲十一月二十四日付の親鸞の手紙で、❶の（中略）の部分に書かれています。文中、「北《きた》の郡《こおり》」とは、常陸国茨城郡の北半分の地域ということです。現在の茨城県石岡市です。茨城郡の中央部には常陸国府がありました。南半分は南の郡と通称していました。のちに荘園（庄園）化したので「南《みなみ》の庄《しょう》」と称されることもあります。北の郡の北端に山伏弁円ゆかりの板敷山《いたじきさん》と大覚寺《だいかくじ》があります。

北の郡にありし善乗房といひしものに、つゐにあひむつるることなくてやみにしをばみざりけるにや。

板敷山付近から見る常陸の北の郡（正確には常陸国茨城郡の北半）。石岡市大増

「北の郡にいた善乗房という者に、私が最終的にも親しくしなかったのを見なかったのですか」。

親鸞が関東にいた時、恐らくは弟子筋であった善乗房という者が「造悪無碍」の人物だったのでしょう。だから「私は少しも親しくしなかった」と親鸞は言っているのです。親鸞は、「ありし」「いひし」「やみにし」と過去の自分の体験を表わす「し」という言葉（助動詞）を使っていますので、自分の関東時代に付き合ったことを思い出していることがわかります。現在、京都にいながら付き合っている善乗房、ということではありません。

善乗房のことはもう二十年以上も前のことになります。そのころから問題視せざるを得ないような念仏者がいて、親鸞が眉をひそめていたことがわかります。

なお、かつて、「北の郡」というのは「常陸国北部の郡」という解釈がありましたが、それは誤りです。また「茨城郡」と呼ばれる地域はしだいに北に移り、江戸時代には水戸市を中心とする広い地域の郡名になりました。明治時代に入って東西に分かれ、さらには近年の市町村合併で「茨城郡」の名称が入っているのは、茨城県東茨《ひがしいばら》城郡《きぐん》大洗町《おおあらいまち》・同茨城町・同城里町《しろさとまち》だけになりました。「西茨城郡」の名称は消滅しました。

7

親鸞門弟の入西の活動と没

(1) 常陸国の入西、親鸞の肖像画を入手

親鸞の常陸国出身の門弟の一人に、入西《にゅうさい》という人物がいました。はじめは比叡山に登って天台宗を学び、晩年には故郷に帰って山林で修行していたけれども、のちに親鸞の教えを受けるようになり、その「昵近《じっきん》の弟子となった」と『大谷本願寺通紀《おおたにほんがんじつうき》』巻七「入西」の項にあります。

入西は、仁治三年（一二四二）、京都の親鸞に仕えていたことが『本願寺聖人伝絵《でんね》（親鸞伝絵）』上末に記されています。親鸞七十歳です。入西はその時、親鸞の肖像画を誰かに描いてもらいたいと思っていました。やがて故郷へ帰ってから、その画像を見て親鸞のことを思い出していたかったのでしょう。しかし言い出しかねていまし

た。生存中に描く肖像画を寿像《じゅぞう》といいます。でもこのような画像を描くと、その画像に生気《せいき》を吸い取られて早死にするとされていました。谷文晁《たにぶんちょう》が文化《ぶんか》八年（一八一一）に著した『文晁画談《ぶんちょうがだん》』にも、そっくりに似せて描いてはいけない、似ているように描けば命を損なうことがあると書かれています。もし寿像を描かなければならないときは、あまり似せないように描くべきであるとし、さらに概略だけにするべきであるともしています。

入西にこの遠慮があったかどうかはわかりませんが、親鸞は入西の気持ちをそれと察し、肖像画を描くことを許しました。それだけでなく、京都七条あたりに住んでいた定禅法橋《じょうぜんほっきょう》という画家を紹介して描かせた、と『親鸞伝絵』に記されています。

(2) 性信と親しかった入西

入西は、のちに二十四輩《にじゅうよはい》第一とされた性信《しょうしん》とも親しかったようです。親鸞の性信に宛てた手紙（年月日未詳）に、その名が出てきます。それは親鸞が源藤四郎《げんとうしろう》殿に思いがけず会ったこと、鎌倉での念仏に関する訴えが収まったこと、法然の命日毎月二十五日の念仏のことなどを記して「あなかしこ、あなかしこ」で結んだのち、次のように書かれています。

入西の御坊のかたへもまふしたふさふらへども、おなじことなれば、このやうをつたへたまふべくさふらふ。あなかしこ、あなかしこ。

性信房坐像。群馬県邑楽郡板倉町・宝福寺（真言宗豊山派）蔵。宝福寺は鎌倉時代から真言宗の寺院で、一度も浄土真宗の寺院になったことはありません。

「入西さんの方にもお話をしたいのですが、同じ内容なので、この手紙の内容をお伝えください。恐々謹言」。

入西は性信とも気安い仲だったということでしょう。

(3) 入西の没と倉田百三『出家とその弟子』

建長四年（一二五二）、入西は亡くなりました（『大谷本願寺通紀』等）。なお、入西は常陸国河和田《かわわだ》の唯円《ゆいえん》のことという説もあると、江戸時代の諸書に記されています。そのことと、常陸国の枕石寺《ちんせきじ》の道円《どうえん》は唯円のことでもあるという説が入り混じり、その枕石寺の寺伝をもとにして大正時代の倉田百三《くらたひゃくぞう》の戯曲《ぎきょく》『出家とその弟子』が成立しました。戯曲というのは、舞台劇の形式をとった小説です。

『出家とその弟子』は序と六幕十三場からなり、親鸞と唯円を中心に人間の罪や愛欲などを描いています。そこでは唯円が遊女と恋愛し、その愛を貫き通したこと、親鸞の息子善鸞《ぜんらん》が道ならぬ恋をして父に義絶《ぎぜつ》されたことなどが軸になっています。善鸞は本心では父に会いたいと思い、親鸞も我が子を愛しながら許すことができないことなどが描かれます。『歎異抄《たんにしょう》』を基礎に据えつつも、キリスト教の影響も強く見られるとされています。仏教界や文壇からのかなりの批判がありましたが、若者に圧倒的に支持されました。最初に同人誌的な雑誌に連載された時にはほとんど世の中に知られませんでしたが、大正六年（一九一七）に岩波書店から全編が出版された時には大ベストセラーになりました。

おわりに

親鸞の手紙は八十歳ころ以前のものは残っていません（手紙を出さなかったことはなかったでしょうが）。そしてその八十歳のころからの手紙には、突然のように関東の造悪無碍を注意し、禁止する話題が出てきます。これらの手紙だけを見ると、親鸞帰京後十年、このような問題が関東で起きていたのかと思いがちです。しかし本書のように年代をさかのぼって調べてみると、数十年前の法然の時からその問題は始まっているのです。それは悪人正機説にその原因があるようです。すばらしいと評価されてきた悪人正機説。しかし今後はその負の面にも注目していくべきでしょう。

あとがき

親鸞は四十二歳の時、一家四人で越後国（新潟県）から常陸国（茨城県）へやってきました。そして念仏布教に励み、六十歳で京都に帰りました。それから二十年経った八十歳において、造悪無碍の問題に正面から立ち向かったのです。本書にはそのことを書きました。

僭越ながら、筆者も三十四歳の時に一家四人で神奈川県から茨城県にやってきました。住んだ所は水戸市で、親鸞の稲田草庵のあった所までは車で二十分あまり、『歎異抄』の唯円が住んだ河和田に至っては、車で数分でした。「いい所に来た！」と思いました。

それから四十数年、途中で東京に転居して十年近く経ちましたけれども、ずっと親鸞の歩いた跡を追い続けてきました。その結果、「親鸞はあの峰々を歩いて稲田から高田に行ったに違いない」「親鸞はこの山道を歩いたから山伏弁円に発見されなかった」「親鸞はこの古くからの小川を舟に乗り、稲田から海岸までの村々に向かった」などと確信をもって言えるに至っています。

さらには「こんなに住みやすい、暖かい南斜面の麓を長年にわたって稲田神社から提供してもらっていたのだから、親鸞と稲田神社とはごく友好的な関係だったのだろう」と強く思うことができます。稲田草庵はなんと、常陸七大神社（名神大社）の一つである稲田神社の境内にあったのです。親鸞は八十歳以降の数年間、異様なほどの集中力をもって、同時に客観性を失うことなく、内外の課題に立ち向かいました。そして後世の人々に「生きるともしび」を示しました。

そして数え年と満年齢のズレをあえて無視すれば、筆者もいま、親鸞と同じ八十歳です。これまた甚だ僭越ながら、親鸞を手本に進むべき道を進みたいと思います。

本書も、今までと同様、自照社の皆様のおかげで出版することができました。また校正は宮本千鶴子さんに手伝っていただきました。ありがとうございました。

二〇二三年七月五日

今井雅晴

＊著者紹介

今井雅晴（いまい　まさはる）

一九四二年、東京生まれ。東京教育大学大学院博士課程修了。茨城大学教授、筑波大学大学院教授、コロンビア大学、台湾国立政治大学、カイロ大学等の客員教授を経て、現在、筑波大学名誉教授、真宗大谷派宗宝宗史蹟保存会委員、東国真宗研究所所長。専門は日本中世史、仏教史。文学博士。

著書　『親鸞と浄土真宗』『鎌倉新仏教の研究』『仏都鎌倉の一五〇年』『捨聖一遍』（以上、吉川弘文館）『親鸞と本願寺一族』（雄山閣出版）『わが心の歎異抄』（東本願寺出版部）『親鸞の家族と門弟』（法蔵館）『茨城と親鸞』（茨城新聞社）『親鸞と如信』『親鸞の東国の風景』（以上、自照社出版）『鎌倉時代の和歌に託した心・続々』（合同会社自照社）『鎌倉北条氏の女性たち』（教育評論社）ほか。

帰京後の親鸞―明日にともしびを―⑧

八十歳の親鸞―造悪無碍―

2023年8月24日　第1刷発行

著　者　今井雅晴

発行者　鹿苑誓史

発行所　合同会社 自照社

〒520-0112 滋賀県大津市日吉台4-3-7
tel：077-507-8209 fax：077-507-9926

hp：https://jishosha.shop-pro.jp
印　刷　亜細亜印刷株式会社

ISBN978-4-910494-24-1

自照社の本

なぜ？ どうして？ 浄土真宗の教学相談

赤井智顕

「お念仏は亡くなった人のため？」など真宗についての12の質問を通して、そのみ教えやおつとめの意味・特徴を学ぶ。

B６・64頁
750円＋税

自然《じねん》の声に聞く１・２・続

大田利生

草花を見つめ、虫の音に耳を傾ける中で、自他の執らわれを離れわが身のまことのありように気づかされてゆく掌編随想集。

B６・各28〜36頁
各150円＋税

一縁会テレフォン法話集
阿弥陀さまの〝おはからい〟

一縁会 編

生かされ、はからわれて生きていることへの〈気づき〉と〈よろこび〉を日常のできごとからやさしく語るひと口法話30篇。

B６・112頁
800円＋税

自己を知り、大悲を知る

海谷則之

折々の出来事を通していのちのありようを考える寺報法話30篇。親鸞聖人のみ跡を慕う著者70歳代の学びと思索の記録。

四六・136頁
1000円＋税

自照叢書
無量寿経を仰ぐ

鹿苑一宇

『季刊せいてん』連載の《聖典セミナー》を単行本化。『大経』を読み解き、お名号に込められた阿弥陀如来の願いを味わう。

四六・228頁
2000円＋税

帰京後の親鸞 —明日にともしびを—

《全15冊》

今井雅晴 著

1 六十三歳の親鸞—沈黙から活動の再開へ—

2 六十七歳の親鸞—後鳥羽上皇批判—

3 七 十 歳の親鸞—悪人正機説の広まり—

4 七十四歳の親鸞—覚信尼とその周囲の人びと—

5 七十五歳の親鸞—『教行信証』の書写を尊蓮に許す—

6 七十六歳の親鸞—『浄土和讃』と『高僧和讃』—

7 七十九歳の親鸞—山伏弁円・平塚の入道の没—

8 八 十 歳の親鸞—造悪無碍—

9 八十二歳の親鸞—善鸞異義事件—

10 八十三歳の親鸞—精力的な執筆活動—

11 八十四歳の親鸞—『西方指南抄』—

12 八十五歳の親鸞—信心と報謝—

13 八十六歳の親鸞—自然法爾—

14 八十八歳の親鸞—静かな最晩年—

15 九 十 歳の親鸞—京都にて死去—

＊年2冊刊行予定＊